Ludwig Ganghofer

Vom stamme Afra: ein Gedichtbuch

Ludwig Ganghofer

Vom stamme Afra: ein Gedichtbuch

ISBN/EAN: 9783743684959

Hergestellt in Europa, USA, Kanada, Australien, Japan

Cover: Foto ©ninafisch / pixelio.de

Weitere Bücher finden Sie auf **www.hansebooks.com**

om Stamme Asra.

Ein Gedichtbuch

von

Ludwig Ganghofer.

Bremen, 1879.
Verlag von J. Kühtmann's Buchhandlung.
U. L. Fr. Kirchhof 4.

Inhalt.

	Seite
Warnung	1
Der Stern der Liebe	2
Der Spaziergang	3
Liebesfrühling	7
Mein Glück	8
Anbetung	9
Mein Lieb ist einer Rose gleich	10
Mein Glaube	11
Träumen und Hoffen	12
Verklärung	13
Werbung	14
Heimweh	15
Einsam	17
Matrosenwacht	18
Sehnsucht	20
Heimkehr	21
Traumerwachen	23
Traumleben	24
Nächtige Stunden	25
Ehedem	26
Sommerfrische	
I. Waldeinsamkeit, du sanfte Göttin	27
II. Im Walde zieh' ich gern dahin	28
III. Der Abend graut	29
IV. Mein Dörflein lärmt sich vom Schlaf empor	30
Albumblatt	31
Heimweh	33
An P....	34
Schillers Totenmaske	36

	Seite
Die Lieder des Pappenheimers	
I. Des Reiters Farben	38
II. Des Reiters Leben	39
III. Des Reiters Liebe	41
IV. Des Reiters Einstand	43
V. Der Reiter auf Wacht	45
VI. Des Reiters letzte Rast	47
VII. Des Reiters letztes Lied	49
An V. B.	51
Der Stern Osmans	53
Die Neger von Memphis	55
Der Wanderer	58
Reflexion	60
Joja	61
Guter Wille	63
Du bist so schön	64
Bange Stunden	65
Ich hasse dich	66
Auferstehung	67
Wahlspruch	69
Mysterium	70
Rosen und Nelken	72
Grau	73
Heimkehr	76
Irrfahrt	77
Erkenntnis	78
Erinnerung	79
Gerächt	80
In heißen Gluten	82
Frau Hullas Kuß	84
Requiem	85
Der verlorene Sohn	90
Ende	92

Nie saß ich in der Schule der Poetik
Und frug auch nie nach ihrem Darf und Soll,
Der Reime Reinheit und der Form Aesthetik —
Ich sang mein Lied, wie mir's vom Herzen schwoll;
Und kam mit Fragen niemals in's Gedränge
Um Silbenkürze oder Silbenlänge.

Ich habe — nicht der Letzte, nicht der Beste —
Nur durch des Lebens Schule mich gemüht;
Und jeder Aufschrei, den sie mir entpreßte,
Ich konnte Nichts dafür — es war ein Lied.
In dieser Schule hab' ich nur erfahren,
Daß lang die Schmerzen, kurz die Freuden waren.

Warnung.

Kommt dieses Buch dir einstens zu Gesichte
Und lasest du sie alle, die Gedichte,
Die ich mit Herzblut in dein Album schrieb —
Dann blättre ja nicht weiter, treulos Lieb!

Wo unsrer Liebe letzter Laut verzittert,
Da halte ein und schließe rasch das Buch,
Damit aus meinen Liedern nicht der Fluch
Des Treubruchs dir in's Angesicht gewittert.

Ich sehe schon, wie's deiner sich bemeistert, —
Die Lippe welkt, die Wangen werden fahl,
Wenn das Gespenst von meiner Lust und Qual
Mit Wehgeschrei durch deine Träume geistert.

Wohl frag' ich mich, wie kann ich Mitleid fühlen,
Anstatt in Rache meine Glut zu kühlen:
Noch immer lieb' ich dich, du falsches Weib,
Du meine Mörderin an Seel und Leib!

Der Stern der Liebe.

Ich ging in dunkler Nacht fürbaß
Und sah empor zu jenen Sternen,
Von denen matte Kunde strahlt
Aus weiten, unermeßnen Fernen.

Ich sah und sah und zitternd stieg's
Wie ein Gebet zum Himmelsbogen —
Da löste ein Stern sich flammend los
Und kam der Erde zugeflogen.

Mir war es nicht, als ob er sank,
Mir war's, ich stieg empor — und trunken
Vor Wonne hob ich die Arme auf:
Da ist er in mein Herz gesunken.

Der Spaziergang.

Der Himmel, der über die Stadt sich streckt,
Ist über und über mit Wolken bedeckt;
Kein Schimmer von Licht, kein Stücklein Blau,
Die ganze Weite so trüb und grau.
Und über der Häuser trägem Heer
Liegt, alles düsternd, traurig schwer
Ein bräunlicher Schleier von Qualm und Rauch.

Es steht so kalt und traurig auch
Im Parke vor dem alten Thor
Der Bäume winterschläfriges Chor
In weitgelichteten Reihen — und reckt,
Von Schneekrystallen überdeckt,
Zum grauen Himmel hoch empor
Das dichte Gewirr der nackten Aeste,
Gleichwie zu einem lauten Proteste
Gegen die strenge Winterszeit.

Unter den Bäumen, weißbeschneit,
Ziehen durch's blätterlose Gehege
Kreuz und quer die schmalen Wege —
So schmal — daß sich zwei junge Leute,
Die einsam wandeln, Seite an Seite
Und Schulter an Schulter drängen müssen,
Um mit den leichtbeschuhten Füßen
Nicht über und über zur Rechten und Linken
Im angehäuften Schnee zu versinken.

Die Hände verschlungen und Arm an Arm,
So wandeln die beiden. — Feucht und warm
Mischt sich vor ihnen in der Luft
Des Athems leichter Nebelduft
Und hängt sich in schnellgefrornen Tröpfchen
In's Haar wie ein feiner Perlenschmuck.
Das Mädchen neigt mit leisem Druck
Von Zeit zu Zeit ihr zierliches Köpfchen
Gegen die Schulter des jungen Mannes,
Der auf das liebe, süße Geschöpfchen,
Wie unterm Zwang eines Zauberbannes,
Unverwandt die ganze Zeit
In überströmender Zärtlichkeit
Die glühenden Blicke niedersenkt.

Was hat nur die beiden hinausgedrängt

In den trüben, frostigen Wintermorgen
Aus ihrem warmen, traulichen Zimmer?
Sie haben wohl Eiliges zu besorgen?
Ach nein! ach nein! das glaube ich nimmer!
Würden sie sonst so langsam wandeln?
Oder haben die beiden Kinder
Vielleicht Hochwichtiges zu verhandeln?
Ach nein! das glaube ich noch minder,
Denn was jedwedes von ihnen spricht,
Das ist, beim Himmel, so wichtig nicht.

Die Hände verschlungen mit sanftem Drang,
So wandeln sie langsam den Weg entlang;
Sie schauen sich an und werden stumm
Und bleiben stehen und kehren um
Und stehen und gehen wieder.
Sie denken ein Gleiches und sagen es nicht
Und möchten reden und wagen es nicht
Und schlagen die Augen nieder.
Doch spricht der innige Druck der Hand,
Der Augen Glanz und der Wangen Brand,
Des Herzens leise vernehmlicher Schlag
Beredter, als alle Sprache vermag.

Und wie seine Hand aus der ihren sich ringt —
Und wie sein Arm ihre Hüfte umschlingt —

Und wie er flüstert: Schau mich an —
Und wie das Mädchen zu ihm hinan
Ihr süßes unsagbar liebes Gesicht
Errötend hebt und das klare Licht
Ihrer Augen ihm leuchtet so sonnig heiter,
Da sind es die Blicke, die sich fragen,
Die Lippen, die stumme Antwort sagen —

Und schweigend wandeln sie weiter.

Liebesfrühling.

Die Blüthen stehen und es rauscht
    Der Wind durch grüne Bäume;
Die Vögel singen und es lauscht
    Das Herz auf ihre Träume.

Die Vögel singen und es hallt
    Ihr Lied in grünen Zweigen;
Das Herz geht auf, das Blut erwallt
    Und süße Wünsche steigen;

Sie steigen auf aus tiefster Brust
    Und wagen sich zu Tage,
Bald in dem Jauchzen reiner Lust
    Und bald in stiller Klage.

Die Brust so eng — das Herz so weit —
    Und quellend alle Triebe;
Du wunderselig süße Zeit,
    Du Zeit der ersten Liebe!

Mein Glück.

Die beste Welt ist dein Angesicht,
Der Sonnen schönste dein Blick;
Nach andern Welten frag' ich nicht —
Du schaffst mir alles Glück.

Mein Glück ist wie der Himmel so weit,
Von Gottes Hauch durchloht;
Mein Glück ist meine Ewigkeit —
Was kümmert mich der Tod!

Anbetung.

Ich will nicht mehr an Kommen und Werden denken
   Und um der Zukunft Sterne mich müde hasten;
In meine Liebe will ich mich ganz versenken,
   Abschüttelnd des Lebens ekle Lasten.

Will nicht mehr schauen den Glanz und Schimmer der Erde
   Und will ihre Tempel nicht mehr betreten —
Nur knieen vor meines Feuers heiligem Herde,
   Um dich, meine Gottheit, anzubeten;

Um brünstige Seufzer von heißen, bebenden Lippen
   Zu dir, meine Gottheit, hinanzuschicken,
Um aus dem Kelch deiner Neigung Labung zu nippen
   Und stummerschauernd dich anzublicken.

Und wenn du dich neigst, von Gnade strahlend die Augen,
   Mit feuchten Lippen die Flamme zu kühlen,
Dann will ich aus deinem Kuß einen Himmel saugen
   Und so mich selbst eine Gottheit fühlen.

Mein Lieb ist einer Rose gleich.

Mein Lieb ist einer Rose gleich,
    Von Dornen dicht umkränzt,
In deren Kelche wunderreich
    Ein Perlenpaar erglänzt.

Erschauernd saugt mein heißer Mund
    Den Duft ihr vom Gesicht;
Wohl ritzen mich die Dornen wund,
    Jedoch ich acht' es nicht.

Denn jeder warme Tropfen Blut,
    Der aus den Wunden träuft,
Ist Thau, der meiner Rose Glut
    Zu neuer Schönheit reift.

Der letzte Tropfen wenn entrollt,
    So bleibt ein Herz mir doch —
Und wenn sie sein begehren sollt, —
    Ich gäb' auch dieses noch.

Mein Glaube.

Die Pfaffen scheuen mein Gesicht
Und schelten meinen Sinn.
Mein Lieb, sie wissen alle nicht,
Wie ich so gläubig bin.

Dein Herz ist meines Glaubens Dom
Und meines Hoffens Gral —
Und deine Lippe ist mein Rom,
Dein Kuß mein Ostermal.

Dein Ja war das Erlösungswort,
Das Seligkeit verhieß;
Und deine Liebe schafft mir fort
Und fort ein Paradies.

Träumen und Hoffen.

Mich ewig an deine Brust zu drängen,
An deinem Munde mit meinem zu hängen
Und ewig mein Auge in deines zu senken;
Das ist mein Sehnen und all mein Denken.

Dich engen Armes an mich zu ziehen,
Mit dir in ein stilles Heim zu fliehen
Und lebenslang dich am Herzen zu tragen;
Das ist mein Traum bei Nächten und Tagen.

O brächte ein Gott meiner Sehnsucht Kunde,
Wie lang sie noch säumt, die süße Stunde,
In der meine Träume zur Wahrheit werden
Und mir ein Himmel erwächst auf Erden.

Wenn aber ein Morgen einst grauen sollte,
Der meine Träume ernüchtern wollte
Und dorren die Saat, die ich hoffend säte,
Beim Himmel — ich wüßte nicht, was ich thäte.

Verklärung.

Es ist aller bösen Begier
    Dein Blick ein Trank aus Lethe;
Mein Auge hängt an dir
Andächtig im Gebete.

Mir schafft deiner Wimper Schlag
    Von Wunsch und Sorge ledig
Der Sehnsucht jüngsten Tag!
    Wie ist mein Gott so gnädig!

Werbung.

Sei du mein Weib!
Dein eigen will ich leben
Und Seel und Leib
Dir ganz zu eigen geben.

Sei meine Welt!
Dich will ich ganz erfassen;
Wenn alles fällt,
Will ich von dir nicht lassen.

Sei du mein Gott!
Dir will ich ewig knieen;
Aus aller Not
Zu dir — zu dir nur fliehen.

Sei du mein Weib,
So bist du Gott dem Geiste —
Und meinem Leib
Die Welt, die gottumkreiste!

Heimweh.

Der Himmel so grau und die Gegend so kahl,
   Die Bäume so krüppelhaft ärmlich,
Kein Wald und kein See, kein Berg und kein Thal,
   Die ganze Natur so erbärmlich.

Die Menschen sehn wie gestorben aus,
   Die Häuser wie steinerne Särge —
Ich stehe dazwischen und denke nach Haus,
   An Heimat und heimische Berge.

Dort ziehen die Winde vom Gletscher in's Thal
   Und rauschen durch strebende Wälder,
Dort schimmern die Seen im Sonnenstrahl
   Und prunken die Wiesen und Felder.

Dort stehen die Hütten am Bergeshang,
   Jedwede auf eigener Erde;
Drin tönet der Zither herzlieber Klang
   Und knistert das Feuer am Herde.

Die Mädchen sitzen im Kreise darum
Und ziehen vom Rocken die Fäden —
Und singen und scherzen — nur Eine ist stumm
Inmitten der Lieder und Reden.

Einsam.

Nicht ein einzig Wölklein zieht
   Und kein Lüftchen regt sich;
Wellenstille steht das Ried
   Und kein Blatt bewegt sich.

Nur ein einsam Vöglein singt
   Sehnsuchtsvolle Weise —
Und ein Echo wiederklingt
   Mir im Herzen leise.

Matrosenwacht.

Auf hohem Mast,
 In Wolkenhöhe fast,
  Halt' ich die Wacht!
Kein Sternlein blinkt,
Wohin das Auge dringt
 Nur dunkle Nacht.

Und kaum,
Daß man am fernen Wogensaum
Die Stevenlampe flimmern sieht,
Des Schiffes, das vorüberzieht.

  Wie ist die Nacht so still!
Ich höre nur
Ein Rauschen auf des Kieles Spur;
 Und durch die Lüfte schrill
Von Zeit zu Zeit
Die nächtig irre Möve schreit.

In deutschem Land,
Weit über Sees Strand
   Mein Mädel weilt,
Das, wenn ich fern,
Mit mir bei Sonn und Stern
   Die Sehnsucht theilt.

Nun sitzt mein Mädel wohl
Am Fensterlein
Und träumt von Glück und denket mein;
   Und schaut in Angst und Groll
Zum Himmel auf
Und schilt auf Wind und Wolkenlauf.

Hab Acht
Mein Lieb! Erzürne nicht die Macht,
Die dunkle, die den Sturm erregt
Und Unheil auf den Schwingen trägt.

Schau himmelwärts
Und bete, wie dein Herz
   Dich beten lehrt,
Daß von der Fahrt
Dein Liebster wohlbewahrt
   Dir wiederkehrt.

Sehnsucht.

Wo bist du, wo das Herz dir schlägt?
Ach, weit auf fernen Wegen!
Wie matt sich doch das meine regt,
Denn keines pocht dagegen.

Es stiehlt das Licht sich kümmerlich
Durch meiner Thränen Lauge; —
Wo such' ich dich, wo faß' ich dich,
Wo schaue ich dein Auge?

Wo bist du, daß mein Wunsch den Weg
An deinen Busen finde! —
O Gott! — wie ist die Zeit so träg
Und Sehnsucht so geschwinde.

Heimkehr.

Schon seh' ich von ferne das Thürmepaar,
   Das alte, das liebe, das traute,
An welchem die Thorheit mit deutschem Fleiß
   So lange Jahrhunderte baute.

Schon seh' ich die Wellen im alten Strom
   Sie rauschen und grüßen herüber;
Sie rufen mir zu den alten Gruß
   Und grüßen und rauschen vorüber.

Das fromme Geläute; das alberne Thor;
   So manche bekannten Gesichter;
Die feisten Männer im schwarzen Talar,
   Das weißviolette Gelichter.

Die alten Häuser; der alte Weg;
   Die hohlgetretenen Steine —
Und dort — zum Fenster schaut sie heraus,
   Die Feine, die Kleine, die Meine.

Es poltert die Treppe, es fliegt das Gewand,
Da liegt sie an meinem Herzen —
Leb' wohl, du ätzender Wanderstaub!
Du Zeit meiner Trennungsschmerzen.

Traumerwachen.

Ich habe heiß geliebt
   Und Lieder drum gesungen:
Die Liebe ist verglüht,
   Die Lieder sind verklungen.

Ein selig süßer Traum
   Hielt meinen Sinn befangen:
Zerronnen ist der Traum,
   Die Seligkeit vergangen.

Der Traum ist ausgeträumt!
   Das war ein schlimm Erwachen! —
Mit Thränen stand ich auf;
   Du aber, Lieb — magst lachen!

Traumleben.

Ich träumte, ich stünde verlassen
Auf einem Felsen im Meer;
Und Wolken zu meinen Häupten
Und Wasser nur um mich her!

Es brausten heran die Winde
Und schlugen mir in's Gesicht
Und wollten in's Meer mich stürzen;
Ich aber — ich wankte nicht.

Da warfen sie thurmhohe Wogen
Mir brüllend in's Angesicht
Und rasten und rissen am Felsen;
Ich aber — ich wankte nicht.

Da trieb eine leuchtende Rose
Auf einer Woge daher;
Ich haschte nach ihr — und stürzte
Vom Felsen in's tiefe Meer.

Nächtige Stunden.

Die Glocken schlagen am Kirchenthurm,
　Das schauert so bang durch die Nacht;
Ein jegliches Auge liegt wohl in Ruh,
　Mein Auge allein noch wacht.

Die Erde schloß auch die Augen zu
　Und athmet so sanft, so leis;
Mein Auge allein kann nimmer ruhn,
　Die Thränen brennen so heiß.

Sie brechen hervor, so heiß und schwer,
　Und rollen die Wangen hinab
Und rollen zu Boden und brennen fort
　Und höhlen ein tiefes Grab.

Und sind sie zu Ende mit ihrem Werk,
　So leg' ich mich stille hinein;
Dann deckt mein ewiges Leid mich zu
　Als ewiger Leichenstein.

Ehedem.

Mir ist, als ob ich in meiner Brust
Vielstimmige Glocken trüge,
An die mein Herz in Trauer und Lust
Mit mächtigen Schlägen schlüge.

Und wenn mein Herz an die Glocken schlug,
In heiligen Schauern bebend,
Dann war's mein Lied, das die Töne trug,
Anschwellend und weithin schwebend.

Wie haben doch einst die Glocken all
Harmonisch zusammengeklungen,
Ehdem mit klagendem schrillen Schall
Die Glocke der Liebe gesprungen.

Sommerfrische.

I.

Waldeinsamkeit, du sanfte Göttin,
Du Eignerin der besten Zeit,
An deinem Busen schweigt der Kummer,
In deinem Arm entschläft das Leid.

Waldeinsamkeit, thu' auf die Arme
Und biete mir die weiche Brust! —
Wie hab ich so undenkbar lange
Von Rast und Ruhe nichts gewußt.

II.

Im Walde zieh' ich gern dahin,
  Wenn drauß die Sonne glüht
Und mühsam bricht durch's Tannengrün
  Und wenn die Erdbeer blüht;
Wenn von dem wunden Fichtenast
  Das Harz zu Boden tropft
Und wenn der Buntspecht ohne Rast
  Am hohlen Eichstamm klopft.

Im Walde zieh' ich gern dahin
  Und denke meiner Zeit,
Wenn durch der Wipfel reges Grün
  Der Kuckuk prophezeiht.
Ich schau' ihm nach, so weit ich kann, —
  Wie lange schreit er doch! —
Ich zähle wohl und denke dann:
  So lange leid' ich noch!

III.

Der Abend graut, der Nebel sinkt,
   Das Gras netzt meine Füße —
Und dort mein Heimatsdörflein winkt,
   Viel tausend, tausend Grüße!

Vom Berge schaut der Wald herab —
   Du Paradies der Ruhe,
Du meiner Schmerzen weites Grab,
   Du meiner Sorgen Truhe!

Das Ave tönt mit weichem Klang
   Vom Thürmlein in die Weite;
Für meiner Qualen Grabesgang
   Ein klingendes Geleite.

IV.

Mein Dörflein lärmt sich vom Schlaf empor,
　Wohl liegt es noch schattig im Thale,
Doch schaut schon die Sonn hinterm Berge vor
　Mit ihrem ersten Strahle.

Gerade wirbelt der blaue Rauch
　Zur Höhe von jedem Herde.
Zum Himmel schwinget mein Herz sich auch —
　Du schönes Fleckchen Erde!

Du schönes, glückliches Stücklein Land,
　So ferne vom Weltengewirre,
Auf dem meine Seele Rastung fand
　In ihres Wünschens Irre.

Albumblatt.

„Wie eine Wage ist des Menschen Leben,
„An der zwei gleichbeschwerte Schalen schweben,
„Auf denen Lust und Leid im Wechselreigen
„Streng nach Gesetzen auf und nieder steigen!

Wenn Einer kommt und ähnlich zu dir spricht,
So laß ihn reden, aber glaub' ihm nicht;
Er spricht nur so, trotzdem in langen Jahren
Er selbst das Gegentheil davon erfahren.
Nichts ist so ungerecht als wie das Leben
Und was und wie es alles weiß zu geben.
Es muß der Mensch in namenlosen Qualen
Das kleinste Glück mit Wucherzins bezahlen —
Und ist es ihm vorbei, was er auch thut,
Er kauft es nicht zurück mit Herz und Blut.

Dem dunklen Himmel, ohne Grenzen weit,
Von Wolken überzogen, gleicht das Leid.
Das Glück ist nur ein seltnes Meteor,
Das sich aus bessern Welten hervorlor,
Und dessen schönste Flamme schon erbleicht,
Eh' es der Erde kaltes Rund erreicht.

Was nützt der Lippen heißes Herbeschwören?
Der Zufall hat kein Ohr, es anzuhören;
Was nützt der hoffnungsvolle, offne Blick?
Der Zufall bringt den Stern — wie auch das Glück —
Und wer zu allermeist es sich ersehnt,
Thut gut, wenn er an's Warten sich gewöhnt.

Es ist nun einmal so! — Was bleibt nun über,
Als still gebückt, je eher um so lieber,
Die Last am Rücken seine Rast zu suchen;
Wem sie zu schwer, mag seiner Schwäche fluchen!

Du gehst ja selbst doch sicher auch nicht leer,
Ich hoffe nur, du trägst nicht allzuschwer.

Heimweh.

Sitz' ich vor meinen Büchern da
Und lege die Feder nieder,
Und denk' an euch und fühl' euch nah
Und immer und immer wieder;
(Wie hier bei mattem Lampenscheine,
So allerorten) —
Dann such' ich lange nicht nach Worten,
Ich weine!

Die Thräne ist mein bestes Lied,
Wortreicher als tausend Zeilen;
Mein wärmster Gruß, der tröstend zieht
Zu euch über alle Meilen;
Wohl sagt er stets nur dieses Eine,
Daß ich euch liebe; —
Was wär's, das noch zu sagen bliebe? —
— Ich weine! —

An P.....

Ich möchte fallen, wie der Löwe fällt,
 Vor dessen Leiche noch der Sieger zittert,
Wie eine Eiche, die der Blitz zerschellt,
 Daß Mark und Rindung in Atome splittert.
Ich möchte fallen, wie ein Stern, der jäh
 Vom Himmel niederlodert und zerschmettert,
So wie ein Kriegsschiff, das auf offner See
 Der Sturmwind brüllend in den Abgrund wettert.

Ich ahne aber, daß ich sterben muß,
 Wie eine Blume, welche langsam schwindet,
So wie der Sonne letzter Abendgruß,
 Der allgemach am Bergesgrat erblindet;
Verflackernd wie ein Talglicht, das noch leckt
 Am Saft, den es im Anbrand hat vergeudet,
So wie ein Schwan, der matt die Schwingen reckt
 Und leise klagend aus dem Leben scheidet. — —

So seufzend legst du in den Schoß die Hände
Und flügelst, wie du dich von hinnen hebst.
Was willst du nur? Was kümmert dich das Ende?
Du blinder Thor! Schau lieber, wie du lebst!
Und ob dies Leben lang, ob kurz mag währen,
Gelebt zu haben ist ja schon Genuß.
Drum trockne deine nutzlos heißen Zähren;
Das Ende kommt uns, wie es kommen muß.

Schillers Totenmaske
(Gartenlaube 1878, Nr. 45).

Ich war versenkt im Anblick dieses Bildes;
Die Lippe bebte mir, das Auge schwamm. —
Vergänglichkeit! du grausamste Megäre,
Das Edelste ist deiner Hände Raub. —
Und dieses Bild und diese starren Züge!
So recht ein Bild der Erdennichtigkeit! —
Wie red' ich nur — die Form allein ist sterblich,
Der Geist war stets ein Kind der Ewigkeit.

Und ewig ist der Geist, den dieses Auge,
Das jetzt ein schlaffes Lid umschließt, gesprüht,
Dem dieser Mund das schönste Wort gesprochen,
Den mitleidslos das kalte Ende schloß.

Sie ziehn an mir vorbei, die hundert Geister,
Die diese Lippe durch das Wort beschwor
Und die an sich nur e i n e n Makel tragen —
Daß sie für diese Welt zu gut, zu schön.

Es zog an mir vorbei sein ganzes Leben,
Das ich mit Andacht, ach so oft, beschaut.
Ich sah sein Lieben, schaute seine Leiden
Und eine Thräne fiel auf meine Hand — — —

Mir nahe saßen brave Bürgersleute
Und freuten sich des ungewohnten Weins
Und krittelten, wie es der Zufall wollte,
An seinem Posa und an seinem Tell.

Die Lieder des Pappenheimers.

Gedichtet zu Ehren der „Pappenheimer Schwadron" in München.
(In Musik gesetzt von M. Prestele.)

I.
Des Reiters Farben.

Ihr Leute all, Hut ab vor mir!
  Ich bin ein Pappenheimer!
Trag schwarz und gelb am Hut die Zier,
  Bin ja ein Pappenheimer!
Des Lebens froh, in Sorgen frei,
  Gehässig allen Schelmen,
In Freundschaft aber stark und treu,
  Das schwör' ich bei „sechs Helmen"*).

Denn wer mich hat, der hat mich voll
  Für Leben und für Sterben —
Und wenn's zum letzten kommen soll,
  Dann muß der Freund noch erben.
Drum hebt den Humpen, hebt ihn leer
  Auf mich und meine Brüder!
Und wer's nicht thut — bei meiner Ehr —
  Den Kerl — den schlag' ich nieder!

---

*) Das Wappen der Pappenheimer zeigt sechs schwarze Helme auf gelbem Grunde.

II.

Des Reiters Leben.

Drei Würfel, die Karte, den Becher, das Schwert,
    Die führ' ich in meinem Wappen.
Der Sattel, das ist mir der häusliche Herd,
    Zum Sponsen erkor ich den Rappen.
Die Welt ist mein Haus und mein Handwerk der Krieg,
    Drum ist mir der Friede zuwider —
Und meine Parole heißt „Tod oder Sieg"
    Und „Treue für Kaiser und Brüder!"

Gott segne den Fürst, der den Reiter ernährt
    Und nimmer um Krieg ist verlegen;
Wenn die Stirne behelmt und die Faust bewehrt,
    Dann blüht für den Reiter der Segen.
Und wenn er am Tage das Eisen schwang,
    Kommt Rast, wenn die Sonne gesunken,
Und wenn eine Beute des Abends gelang,
    So wird sie am Feuer vertrunken.

Doch schlug man die Feinde, was hat man davon;
Das ist ja das Heickle am Ganzen —
Der Krieg ist der Vater, der Friede sein Sohn;
Dann heißt es, wie steht's mit dem Ranzen?
Das Handgeld verschlemmt und die Beute verthan;
Was weiß denn ein Reiter vom Sparen?
Helf Gott, liebes Rößel, nun muß ich dich lahn,
Um mit Schusters Rappen zu fahren.

Wer wenig behält und wer vieles verthut,
So dacht' ich, der hat keine Sorgen;
Das Heute war durstig, begehrlich das Blut,
So dachte ich nie auf das Morgen.
Doch will ich nicht greinen! Es kollert das Ei
Und immer auch kann man nicht reiten.
Man trägt halt geduldig die Plackerei
Und wartet auf bessere Zeiten.

III.

Des Reiters Liebe.

Mädel komm her! Halte ein Weilchen
Und laß dir in's Aeuglein sehn!
Mädel sei brav! Spitze dein Mäulchen,
Dann magst du ja wieder gehn!

Doch — darf ich noch etwas hoffen —
Laß heute dein Fensterlein offen! — —

Ich weiß nicht, was die Liebe ist,
So wie's die Leute meinen,
Die, wie man sagt, in's Herz sich frißt
Mit Lachen und mit Weinen.
Ich lieb mein Roß und lieb mein Schwert
Und lieb den vollen Becher,
Und meine Freunde halt' ich wert,
Sind lauter wackre Zecher.
Ich lieb des Himmels blaue Farb,
Den dunklen Grund der Sterne;
Und eine Mutter, die mir starb,
Die hatt' ich herzlich gerne.

Auch fand ich in jedem Städtchen
Noch immer ein willig Mädchen. —

Aber es soll all dieses Treiben
Noch lange nicht Liebe sein.
Geht es nicht gern — laß ich es bleiben;
Herr Wirt — eine Kanne Wein!

IV.

Des Reiters Einstand.

Die Werbleut ziehen durch das Land,
Die Trommel rasselt voraus;
Des Fürsten Zorn ist neu entbrannt
Und alle Sorg ist aus.

Die Werbleut ziehen durch das Land,
Die Trommel rasselt einher —
Da bin ich schon, Herr Leutenant,
Nur gleich das Handgeld her!

Und her ein Schwert, das schwer und blank,
Und Eisen schneidet entzwei —
Das alte hängt beim Wirt im Schrank,
Der Mantel auch dabei.

Nun führt vom Stall den Rappen mir,
Der vor dem Teufel nicht bangt;
Ich zahle baares Geld dafür
Und Prügel, wenn's nicht langt.

Herr Wirt, setzt euer Käpplein auf
Und bringt die Kanne voll Wein —
Und reicht sie mir auf's Pferd herauf,
Es soll zum Abschied sein!

Behütet euer junges Weib
Und bleibt mir ehrlich und fromm —
Ich zahl, bei eurem runden Leib,
Sobald ich wiederkomm! —

V.

Der Reiter auf Wacht.

Die letzte Stund auf der Abendwacht
Vor einer zerfallenen Hütten —
Der Tag vorbei und vorbei die Schlacht;
Die Feinde zu Boden geritten!

Vom Thale hebt sich der Abendrauch,
Die lauten Trompeten verstummten,
Die Feuerschlünde erkalten auch,
Die Tod und Verderben brummten.

Dort wo ein Hügel den Nebel krönt,
Verlodert zu Asch eine Scheuer —
Ein dumpfes Lärmen vom Lager tönt,
Dort rollen die Würfel am Feuer.

Die Nacht umdunkelt das weiß Gezelt —
Mein Rappe hebt müde die Hufe;
Es weht der Wind von dem blut'gen Feld
Der fräßigen Geier Gerufe.

Ihr armen Freunde! gut Ruh! gut Ruh!
Auf herzblutberegneter Halde!
Die Nacht als Leichentuch deckt euch zu —
Wer weiß es, ich folge euch balde!

Daß heil ich kehrte aus Kampfesnot
Und mitten durch Hieb und Geschosse —
Ich dank's dem Schwerte und meinem Gott,
Doch auch meinem wackeren Rosse!

Und wenn's einmal doch geschehen muß,
Geschäh' es am liebsten uns beiden;
Nach einem einzigen Todesschuß
Müßt keines um's andere leiden.

Noch währt die Wacht eine kurze Stund.
Dann geht's zur Rastung im Zelte —
Doch erst zur Labung im frohen Rund
Und morgen — von neuem zu Felde.

VI.

Des Reiters letzte Rast.

Mein Roß, was wieherst du gar so laut,
Was schlägst du so wild den Grund?
Gib Ruh so lang, bis der Morgen graut
Und laß mich schlafen —
Bis mit dem frühesten Morgenschein
Uns weckt der Trompete Mund;
Sie ruft wohl manchen in's Grab hinein,
So manchen Braven. —

Mein Roß, was wieherst du gar so laut,
Was schlägst du so wild den Grund?
Hast du den Abend voraus geschaut?
Und bei den Braven,
Die für die Fahne gefallen sind,
Auch mich mit erbleichtem Mund?
Je nun, das Leben ist wie der Wind!
Drum laß mich schlafen! —

Mein Roß, was wieherst du gar so laut,
Was schlägst du so wild den Grund?
Hast du die Fahne zersetzt geschaut?
Und tot den Grafen?
Den Schweden siegend und Mann für Mann
Im Felde mit kalter Wund?
Mein Roß gib Ruhe! — Weiß Gott, ich kann
Nun nimmer schlafen!

VII.

Des Reiters letztes Lied.

Da lieg' ich nun! — Es schlägt in Schmerz
Mein lediges Roß die blutige Erde.
Wie schneidet mir tief sein Wiehern ins Herz;
Leb wohl, leb wohl, du treuer Gefährte!

Entzwei mein Schwert — zerschellt mein Helm —
Doch hab' ich mir Ehr und Glauben gerettet!
Gott strafe den Fürst, den treulosen Schelm,
Ich hätte um ihn mein Herzblut verwettet.

Der Tod ist leicht! Doch wie unser Graf
Erbleichend sank zu Boden vom Rosse,
Das war ein Schlag, der tiefer noch traf,
Als feindlicher Hieb und Todesgeschosse.

Heda, Kamerad, was eilst du so sehr?
Verhalt' ein Weil, den Trunk mir zu reichen,
Den Scheidetrunk! — mein Haupt wird schwer,
Mach schnell — ich fühl — die Lippen erbleichen!

Da — meine Hand! Ich danke dir!
Bestell' einen Gruß an meine Brüder!
Mein Roß sei dein! Hab Acht — auf das Thier!
Leb wohl, Kamerad, wir sehen uns wieder!

An V. B.
(17. Juni 1878.)

Ein Lied nur hörte ich dich singen,
Ein einzig Lied — und war berauscht.
Mein Herz durchflog's mit Geisterschwingen,
Als ich dem vollen Klang gelauscht.
Vergangner Freuden späte Blitze,
Wie Wetterleuchten in der Nacht,
Des Eises Frost, des Feuers Hitze
Durchwechselten des Busens Schacht;
Der Sehnsucht schwermutsvolles Flehen,
Getäuschter Hoffnung Furcht und Angst —
Nicht schäm' ich mich, dir zu gestehen:
Ich mußte weinen, als du sangst.

Fanatisch drückten laute Hände
Den Kranz der Huldigung dir auf;
Ein Jeder brachte seine Spende,
Nur ich allein vergaß darauf.
Ich lehnte fern in einer Ecke,
So ganz verloren im Genuß,

Indeß der Schmeichler Ziergequäle
Bei Kratzefuß und Händekuß
Zum Himmel hob mit glatten Zungen
Den Beifall, den du dir errangst —
Wie ich geweint, da du gesungen,
So weint' ich, da du nicht mehr sangst.

Der Stern Osmans.

Die Sonne sinkt, die goldne Sonne sinkt
　Zur dunklen Flut;
Und um der Minarete Spitzen blinkt
　Die letzte Glut.
Vom Zinnenkranze der Moschee erschallt's
　So laut, so klar —
Und von den Schwesterthürmen wiederhallt's:
　Allah akbar! *)

Der Tag entschlief und seine Leuchte schwand
　Schon längst dahin.
Noch immer lehnt am kalten Zinnenrand
　Der Muëzzin.
Aus heißen Augen Thrän um Thräne rollt
　Ins graue Haar;
Die Lippe murmelt, ob das Herz auch grollt:
　Allah akbar!

---

*) Gott ist mächtig! ein Refrain aus dem Gebetrufe des Muëzzin.

Da sinkt ein Stern zum Rand des Erdenplans.
Ein geller Schrei —
Hilf, Himmel hilf! das ist der Stern Osmans!
Vorbei — vorbei!
Er krampft die Fäuste um den rauhen Stein.
Herr! — Ist es wahr?
Nein, nein! das kannst du ja nicht wollen! Nein!
Allah akbar!

Es bricht, von Zeit und Weh der Kraft beraubt,
Das Knie ihm ein
Und schmerzvergessen schlägt sein graues Haupt
Auf harten Stein — — —
Da hebt der Mond sich von des Pontus Nacht,
Stolz wie ein Aar
Vom Horst; und leuchtend kündet seine Pracht
Allah akbar!

Die Neger von Memphis.
(September 1878.)

Wo bist du, Herr, daß wir dich finden können,
Wohin nur wandtest du dein Angesicht?
Wirst du uns niemals deinen Wohnsitz nennen,
Denn hier auf Erden finden wir dich nicht!

Wo bist du, Herr, daß dich der Ruf erreiche,
Der jammerbebend aus den Herzen schwillt?
Hörst du die Lippe nicht, die trockne, bleiche,
Daraus ein Meer von Stoßgebeten quillt?

Wo bist du, Herr, damit das Heer der Psalmen,
Die jede Seele selbsterfindend ächzt,
Zu dir empor vom Leichenherd mag qualmen,
Auf welchem träg der satte Rabe krächzt.

Wo bist du, Herr! — Jetzt mußt du dich uns zeigen,
Wenn uns der bleiche Priester nicht belog;
Jetzt mußt du hilfespendend niedersteigen,
Wenn nicht der Glaube deiner Güte trog.

Wir haben fest geglaubt und fromm gebetet
Und alles gutgeheißen, was du thust;
Das ist zu viel! — Die Häuser sind verödet
Und Straß um Straße füllt der Leichenwust.

Ist das die Weisheit, die den Gott soll zieren?
Wir sind ja Menschen, gib uns Antwort doch!
Wenn wir den Glauben, Herr, an dich verlieren —
Schau diese Leichen an und zürne noch.

So unerreichbar thronest du dort oben;
Kein Hilferuf verletzt dein heilig Ohr,
Der zitternd in die Lüfte sich gehoben,
Jedoch im Streit der Winde sich verlor.

An's Ohr des Thürmers schlagen unsre Klagen,
Der weinend in die Tiefe niederschaut —
Er gräbt sein Antlitz in den Mantelkragen,
Da ihm vor all dem schwarzen Elend graut.

Er seufzt und saugt mit seines Mitleids Zähre
Den todesschwangern Pesthauch in sich ein —
Er war — in jener winddurchstrittnen Sphäre
Der einzige, dem nicht das Herz von Stein.

Wie bist du gräßlich, Herr, in deinem Grimme,
Erschaudernd sinkt die Menschheit auf das Knie;

Dazwischen tönt des Priesters heisre Stimme:
„Fleht um Vergebung eurer Blasphemie!"

„Das Elend hat euch vorbedacht getroffen!"
So predigt uns das glatte Weißgesicht —
Wir sind zu Ende, Herr, mit allem Hoffen,
Denn wenn du wolltest auch, du darfst ja nicht.

Du darfst uns ja dem Unheil nicht entraffen,
   Da du das Böse in der Schöpfung Brust,
Das unvorsichtig einstens du geschaffen,
   Mit Vorsicht wenigstens erhalten mußt.

Du mußt dir ja den starren Willen wahren,
   Denn das ist deiner Weisheit Ewigkeit.
Laut tönt dir das Hosanna deiner Schaaren,
   Was kümmert dich des Menschen Glück und Leid?

So bleibe starr in deinen kalten Fernen,
   Durch die kein Strahl von Menschenregung bricht!
Wir konnten dich am Ende fürchten lernen,
   Doch lieben, Herr — das können wir dich nicht!

Der Wanderer.

Auf vielverschlungnen Pfaden zieht
 Der Wandersmann der Liebe;
Und wo er nur ein Häuslein sieht,
 In dem er gerne bliebe,
Da kehrt er ein und stillt in Hast
 Sein sehnendes Gelüste — —
Mein Herz allein kehrt nie zu Gast,
 Es wandert in der Wüste.

Und wer das Glück erwandert hat,
 Sei's nach den längsten Wegen,
Baut seinen Thron mit rascher That
 Dem Himmel hoch entgegen.
Still lächelnd schaut er dann zurück
 Vom prunkenden Gerüste — —
Mein Herz allein fand nie das Glück,
 Es wandert in der Wüste.

Der Hoffnung festes Schifflein schießt
　Durch Andrer Sturm und Sorgen;
Und wenn der Sturm vergangen ist,
　So ist es auch geborgen.
Dann ruht es aus von Angst und Last
　An blumenreicher Küste — —
Mein Herz allein kam nie zu Rast,
　Es wandert in der Wüste.

So oft es auch am Horizont
　Ein Heim der Rast erschaute,
Vom schönsten Strahle warm umsonnt,
　Darob der Himmel blaute;
Es schwand wie Nebel ohne Spur,
　Sobald ein Laut es grüßte — —
Mein Herz fand stets die Täuschung nur,
　Es wandert in der Wüste.

Reflexion.

Vom tollen Zechgelag kam ich nach Haus —
Der einzige, der nüchtern es verlies
Und scheidend sich und ernsten Vorsatz pries —
Und sah zum Fenster in die Nacht hinaus.

Es pflog mit schrillem Pfiff der Sturm um's Haus;
Und als ich seufzend seine Freiheit pries,
Pfiff er herein in's dunstige Verlies —
Die Lampe flackert auf und flackert aus.

O pfui ob dieses Knabenstreichs, Natur!
Just, als ich eine Gottheit dich geglaubt,
Erweisest du's als falsche Conjektur.

So saß ich nüchtern und des Schlafs beraubt.
Aus Vorsatz meint ihr wohl? — Nein — sondern nur,
Weil meine Börse keinen Rausch erlaubt.

Josa.

Durch meiner Träume goldnes Haus
Fliegt herzverlockend ein und aus
Ein zaubermächtiges Bild;
Ein Frauenbild von hehrem Glanz,
Das schönste wohl im schönen Kranz,
So herrlich und doch so mild.

Es leuchtet ihre weiße Stirn,
Wie wenn auf schneebedeckten Firn
Die steigende Sonne blinkt,
Und ihres Auges Flamme macht,
Daß düsternd in des Weltalls Nacht
Der Stern der Liebe versinkt.

Wie herrlich, wenn zum braunen Haar
Sich aufwärts hebt der Arme Paar,
Von Seide schimmernd umengt,
Daß hoch empor die Brust sich rückt
Und spannend sich im Leibchen drückt
Und glatt alle Fältchen drängt.

Verheißend zeigt das schwarze Kleid
Von weißen Spitzen dicht umreiht
Ein erstes Rätsel der Brust;
So steigt aus enger Grabesnacht
Am jüngsten Tage neu erwacht
Das Fleisch zu Leben und Lust.

Schaut, wie die Büste schlank empor,
Geschmeidig biegsam wie ein Rohr,
Aus vollen Hüften sich hebt,
Wo drang den Leib das Kleid umschließt
Und faltenbreitend niederfließt
Und rauschend am Estrich schleppt.

Du Frauenbild von hehrem Glanz,
Du schönste wohl im schönen Kranz,
So herrlich und doch so mild,
Durch meiner Träume goldnes Haus
Fliegt herzverlockend ein und aus
Dein zaubermächtiges Bild!

Guter Wille.

Wüßt' ich nur, wie es so rasch gekommen,
  Blendend, wie ein Strahl des Mittaglichtes,
  Der gedankenschnell der Stürme dichtes,
Erdumflutendes Gewölk durchschwommen.

Noch ist es der Bote nur des Lichtes;
Noch ist das Verlangen nicht entglommen,
Aber ach, ich fürchte, es wird kommen,
Lodernd wie der Brand des Weltgerichtes.

Wo nun ist ein Gott, der mich belehre,
  Was da besser, werben oder lassen,
  Lust in Sünde, oder Leid in Ehre?

Herz, mein armes Herz, du mußt dich fassen!
Leid ist ja dein Los; so trag das Schwere!
Denn was willst du? Kannst du sie denn hassen?

Du bist so schön.

Du bist so schön wie kaum ein Engel,
Der vor dem Throne Gottes kniet,
Selbst wenn des Weltenschöpfers Auge
Verklärend auf ihn niedersieht.

An Schönheit überragst du wahrlich
Den Seraph in Jehovas Reich;
Jedoch in deinem Wesen, Mädchen,
Bist du den Engeln völlig — g l e i ch.

Du schwebst in höhern Regionen,
Du kennst nicht Erdenlust noch Schmerz
Und hast — gerade wie die Engel,
Wohl eine Seele, doch kein Herz.

Bange Stunden.

Die Nacht verrinnt und der Morgen bricht an,
Ich liege und kann nicht schlafen;
Ich denke und denke nur immer daran,
Wie unsere Blicke sich trafen.

Und sinne und sinne, wie so ein Blick
Gewalt hat, so elend zu machen —
Und fürchte und fürchte, wenn mein Geschick
Dir klar wird, du möchtest lachen.

Ich hasse dich.

Ich hasse dich, weil du mein Herz bezwungen
   Und wilde Lust durchglüht mein Angesicht,
Wenn meine Lippe, statt dich anzubeten,
   Den Schwur des Hasses dir entgegenspricht.

Ich hasse dich, beim Himmel sei's geschworen —
   Nein, nicht beim Himmel, dieser Schwur ist kalt —
Bei all der Liebe, die dein blitzend Auge
   In mir entflammt zu lodernder Gewalt.

Doch Fluch nur soll dir meine Lippe künden,
   Wenn träumend auch sie schwelgt in deinem Kuß,
Ob wilde Sehnsucht auch mein Herz durchflutet —
   Ich hasse dich, weil ich dich lieben muß.

Auferstehung.

Mit den roten Lippen, süßes Weib,
Hast du mir den Trübsinn fortgeküßt.
Noch durchschauert meinen ganzen Leib
Deines ersten Kusses Zauberglut,
Aus dem Herzen strömt mir neues Blut,
Das mit frischem Schlag die Pulse grüßt —
Alles dank' ich deinem süßen Leib,
Deinen süßen Küssen, süßes Weib!

Deine weichen Arme spannten stark
Sich um diese kranke Menschenbrust,
Reich an Schmerzen, doch an Freude karg.
Aber ach, wie fliehen Schmerz und Gram,
Seit die Lust darinnen Wohnsitz nahm.
Du nur hast das Zauberwort gewußt —
Sieh, da steht noch der gesprengte Sarg —
Presse glühend mich an dich und stark!

Preſſe glühend mich, du ſüßes Weib,
An die runde, volle Venusbruſt
Und umwinde mich mit Herz und Leib!
Reiche vollkredenzt mir den Pokal —
Noch ein libet der verſcheuchten Qual,
Dann in vollen Zügen ſchlürf' ich Luſt —
Füll' ihn immer wieder; denn dein Leib
Iſt des Trankes Quelle, ſüßes Weib!

Wahlspruch.

Weßhalb soll ich nicht mit heißen Lippen
   Mir aus dem Becher saugen Geist und Kraft?
Weßhalb soll ich nur von Liebe nippen,
   Wo doch der Vollgenuß ein Eden schafft?

Blumen liebe ich, solang sie sprießen;
   Solang ich lebe, ist der Tod noch weit.
Weil ich lebe, will ich auch genießen —
   Entsagung lehrt von selbst sich mit der Zeit.

Mysterium.

Wenn ich deinen Schwüren, Liebster, auch geglaubt,
Will ich selbst doch keinen Schwur dawider tauschen.
Lege zwischen meine linde Brust dein Haupt,
Um die Sprache meines Herzens zu belauschen.
Nimm als gottbezeugten Treuschwur jeden Schlag,
Jedes Zittern meiner Brust für tausend Eide!
Dann erst, wenn's hier innen still ist, kommt der Tag,
Der nur unsre Leiber, nicht die Seelen scheide.

Schaue mir in's Auge, das dir Liebe sprüht,
Wie zur Nacht die Kohle ausstrahlt ihre Helle,
Daß im Wiederscheine dein Gesicht erglüht,
Noch gefacht von meines Athems Glutenwelle.
Schlinge fester meinen Leib an deine Brust,
Und die trockne Lippe presse auf mein Auge,
Daß im eingehauchten Kusse trunkner Lust
Gierig sie die bitterfeuchte Labung sauge.

71

Glaube nicht, es flamme nur so heiß in mir,
Weil den offnen Armen sich Gewährung bietet;
Kühlung bringt sie jener flammenden Begier,
Die, wenn du mir ferne, quälend mich durchwüthet.
Weib nicht will ich heißen, heiß' ich nicht dein Weib;
Kann ich nicht aus deinem Kusse Leben trinken,
Will ich sterben — und dann mögen Seel und Leib
In des Nimmerfühlens grause Nacht versinken.

Rosen und Nelken.

Rosen lieb' ich, doch ich wünsche nimmer,
Ihrer Unschuld thränenfeuchten Schimmer
Küssend mit der Lippe abzustreifen.
Nelken will ich, glühend rote Nelken,
Die mir lieber an der Brust verwelken,
Als zur platten Frucht am Stocke reifen!

Doch wie kommt es, daß bedornt die Rose,
Und die Nelke gar so waffenlose? —
Was verschlägt's? — Ich grüble nicht darüber!
Aber — wenn die Nelke Dornen hätte,
Drang umwehrend ihrer Hüften Glätte,
Wäre sie mir tausendmal noch lieber.

Grau.

Was bist du noch ein junges Weib!
Und dennoch hast du schon graue Haare!
So heiß deine Lippe, so schwellend der Leib,
Doch grau das Haupt trotz junger Jahre!

Oh! — dieses Grau des vollen Haars
Ist nicht die Folge geschwundner Jahre,
Eine einzige, schreckliche Stunde war's,
Darin erstarb der Glanz der Haare.

Du hast mir nicht erzählt von ihr,
Du hast sie mir jammernd vorgelitten,
Die Qual, die das Tischtuch zwischen dir
Und deiner Tugend hat zerschnitten.

Es ist ein harter, schwerer Streit,
Wenn Leidenschaft kämpft mit Tugend und Ehre:
Denn welches auch siegend dem andern gebeut,
Wünscht wohl, daß selbst besiegt es wäre.

Es siegte in dem schweren Streit
Die Leidenschaft und auf die Totenbahre
Sank deine Tugend. Das Herzeleid
Des Sieges bleichte dir die Haare.

Mit Puder birgst du wohl geschickt
Vor gläubigen Augen die graue Wahrheit;
Doch trübt der Staub, der verloren liegt
Der Stirne und der Wangen Klarheit.

Ein Stäubchen, das sich weit verlor,
Liegt lüstern schimmernd auf deiner Lippe:
Ein rosiger Thron, den ein Staub sich erkor
Auf dieses Mundes süßer Neppe.

Jedoch vorbei an diesem Mund,
Da — wo sich tief die Mundwinkel senken,
Zog manche flammende Liebesstund
Ein leises Zeichen als Gedenken.

Ein einzig kleines Fältchen nur
Zu beiden Seiten des üppigen Mundes,
Nicht tief und nicht breit; doch deutliche Spur
Vergangner Lust und Qual gibt kund es.

O wüßt' ich einer Pflanze Saft,
Der diesem Fältchen Vernichtung brächte;

Es liegt darin eine zwingende Kraft,
Weit stärker als Dämonenmächte.

Denn wenn dein Auge finster blickt,
Liegt in dem Fältchen des Grabes Grauen,
Doch wenn dein süßester Blick mich umstrickt,
Muß ich darin den Himmel schauen.

Selbst deiner Lippen Flammenkraft
Ist lang den Sinnen nicht so gefährlich;
Dies Siegel der Liebesmeisterschaft
Macht deiner Liebe mich begehrlich.

Wenn dann dein graues Haar sich löst,
Mein Antlitz umflutend mit schweren Strähnen,
Und wenn deine weiße Brust sich entblößt,
Dann keimt in mir ein wildes Sehnen.

Was bist du noch ein junges Weib!
Und dennoch hast du schon graue Haare. —
Doch dieses Grau und dein schwellender Leib
Sind meines Willens Totenbahre.

Heimkehr.

Es eilen heimwärts meine Schritte,
Da schon der Morgen grauen will.
Laut kreischt bei jedem raschen Tritte
Der Schnee, der nächtens niederfiel.

Ich hatte in der Liebsten Zimmer,
Von weißen Wolken überdacht,
Bei blaugedämpftem Lampenschimmer
Das Morgengrau herangewacht.

Umrankt von Armen und von Füßen,
Bei ihrer Liebe Raserei
Und unter glutentflammten Küssen,
Da wähnt' ich, daß ich glücklich sei.

Doch jetzt in Nacht und Schneegestiebe,
Wo Wind und Eis mich scharf umwehn,
Jetzt graut mir, Weib, vor deiner Liebe —
Leb wohl auf Nimmerwiedersehn! —

Irrfahrt.

Der Wind durchflüstert die Tannen
Mit einem traurigen Lied,
Er kommt und weiß nicht von wannen
Und weiß nicht, wohin er zieht.

Mein Herz ist ähnlich dem Winde,
Weiß nicht, wohin es gehört,
Es seufzt umher in der Blinde,
Von Hexenflämmchen bethört.

Erkenntnis.

Wo ist der Mund, der alle jene Schmerzen
  Bei ihrem Namen nennt,
Die quälend mich durchziehn, wenn mir im Herzen
Des Vaters Thräne brennt.

Wie hab' ich dich, du Guter, ach du Bester,
  Wie hab' ich dich verkannt —
Und bin von dir, von Mutter und von Schwester
So blindlings fortgerannt.

Doch sei getrost! Es war die schwerste Mahnung,
  Daß du um mich geweint;
Und meinen Schmerz durchschimmert es wie Ahnung
D e r Zeit, die uns vereint.

Erinnerung.

In meiner Seele steigt empor
 Ein Bild aus alten Tagen
Und leise pocht es an mein Ohr
 Mit schwermutsvollen Klagen.

Nun kenn' ich's wohl, das beste Herz,
 Das ich so sehr verkannte,
Und das ich stets, in Ernst und Scherz,
 Mit bösen Namen nannte.

Jedoch was soll es, fort und fort
 An dem Gewesen hangen?
Die Reue schluchzt das harte Wort:
 Vergangen ist vergangen!

Gerächt.

Ich war berauscht von Wein und Lustbegierde,
Als ich dich sah.
Des Fleisches Willkür war's, die mich verführte,
Als es geschah.

Du liebtest. In den Augen, was du fühltest,
Da las ich es.
Doch als du mir dein Kind entgegenhieltest,
Vergaß ich es.

„Für deine Liebe nahmst du Lust zum Tausche!
„Was willst du mir?
„Des Kindes Vater starb mit meinem Rausche;
„Fort, sag' ich dir!

Kein Wort des Fluches kam aus deinem Munde.
„„Du thust nicht recht!"„
Dies eine Wort aus jener schlimmen Stunde
Hat dich gerächt.

Ehrsucht und falsche Scham hat dich vertrieben
Und fortgehetzt.
Das alles schwand — die Reue ist geblieben. —
Wo bist du jetzt? —

Durch meine Träume wehklagt deine Stimme:
„„Du thatst nicht recht!""
Und mein Gewissen zürnt mit offnem Grimme:
Mensch — das war schlecht!

In heißen Gluten.

Ach Gott, was jammern und schreien die Leute,
Wenn niederbrennt so ein elend Gebäude,
Wenn fraßen die lodernden Flammen
Das Herz des Gemäuers zusammen;
Wenn bersten und stürzen die Wände,
Dann ringen sie winselnd die Hände;
Oh — die gescheuten Leute!

Doch wenn so ein armes Menschenkind,
Dem Lieben und Sterben Geschwister sind,
Dem Wille und Kraft zu Staub gebrannt,
Der Flamme nicht leistet Widerstand;
Dann schaut, was sie für Gesichter machen,
Ein einziger weint und tausende lachen!
Oh — die gescheuten Leute!

Der einzige aber, der dabei weinet
Und der es trotz allem so herzlich gut meinet,
Das ist er ja selbst, der Arme;
Er weinet, daß Gott sich erbarme —
Es möchte sein Herz sich verbluten —
Er wankt und sinkt in die Gluten.
Horch! — Wie lachen die Leute! —

Frau Hullas Kuß.

Mein Sohn, mein Sohn! Was bist du so bleich?
Was ist dein Auge so thränenreich?

Ach Mutter, laßt mich — und quält mich nicht;
Krank bin ich — ihr seht's auf meinem Gesicht.

Mein Sohn, mein Sohn! Was hast du gethan,
Daß solch ein Wehe dich faßte an?.

Frau Hulla hat mich an's Herz gedrückt,
Da hab' ich zu tief ihr in's Auge geblickt.

Mein Sohn! Wen noch Frau Hulla geküßt,
Der hat noch immer sterben gemüßt —

Ach Mutter, ja — das fühl' ich wohl —
Drum laßt mich sterben! — Behüt' euch wohl! —

Requiem.

Ich habe vor so mancher Zeit
Mein Leid zu Grab getragen;
Da gab die Hoffnung als Pastor
Dem Zuge das Geleite.

Sie sprach mit wundersüßem Mund
Die schönste Leichenrede
Und trieb mir mit Philosophie
Die Trauer aus dem Herzen.

Dann schaufelte das Loch sie zu
Und sang den Leichensegen
Und ließ von Lust und Lebensmut
Sich näselnd respondiren. --

Was war das für ein Leichenschmaus
Mit Singsang und mit Jubel:
Als Thränen gab's vergoßnen Wein,
Als Seufzer laute Küsse.

Viel schöne Weiber saßen da
Im leichten Nachtgewande,
Mit halbentblößter weißer Brust
Und ungeduld'gem Leibe.

Sie sangen ein so tolles Lied,
Daß ob der tollen Weise
Aus grünem Grab mein Glück erstand,
Das schon begann zu modern.

Es wachte auf und ging mit mir
Durch Tage und durch Nächte
Und bot als treuer Führer mir
Die Hand auf allen Wegen.

Doch diese Hand war glühend heiß,
Als käm sie aus der Hölle —
Was mit mir ging, war nicht mein Glück,
Nur das Gespenst des Glückes.

Es folgten ihm auf seinen Ruf
Und meines Willens Zeichen
Aus Hölle und aus Grabesnacht
An tausend schlimme Geister.

Es waren jene Geister nicht
Mit Horn und Schweif und Bocksfuß,

Mit grauenhaftem Angesicht
Und klapperdürrem Leibe.

Ihr Anblick war berauschend schön,
Ihr Auge war bezaubernd,
Die Glieder blank, die Brüste voll
Und sammetweich die Hüften.

Die Stimme klang verlockend süß,
Durchschauernd alle Sinne;
So zogen sie in Waldesnacht
Und Mondschein ihren Reigen.

Es riß mich hin; ich gab den Leib
Der Zauberei zu eigen —
Und jede Nacht war Brockenfahrt,
Hei! Hussa! Stock und Besen! —

Doch mitten in den Freudentanz
Erscholl mit einemmale
Ein langgezogner Hahnenschrei —
— Herr Jesus sei mir gnädig! —

Der Geister ganzes, lautes Heer
Zerfiel zu Staub und Asche —
Nun ist die Hoffnung selbst der Sarg,
In dem ich sie begrabe.

Was ist das für ein Leichenzug
Mit Jammern und mit Klagen;
Schwer keuchend schleppt er sich dahin
Auf abgelegnen Wegen.

Auf Wegen, wo kein Häuslein steht,
In dem das Mitleid wohnet;
An ihnen haust ein einzig Weib
In einer finstern Höhle.

Ein wüstes, grauenhaftes Weib
Mit eingefallnen Wangen,
Mit wirrem Haar und stierem Blick
Und rotgeweinten Lidern.

Und als der Zug gezogen kam,
Da kroch sie aus der Höhle
Und schlug ein schmutzig schwarzes Tuch
Um ihre welken Brüste.

Laut winselnd folgte sie dem Sarg
Bis an die Kirchhofmauer;
Dort setzten ihn die Träger ab
Und fingen an zu graben.

Und als das Grab gegraben war,
Da rasselten die Stricke,

Mit denen man den schwarzen Sarg
Zur Tiefe niedersenkte.

Da griff das Weib mit dürrer Hand
Die frische, feuchte Erde
Und warf sie auf den Sarg hinab
Und ließ sie lustig poltern.

Und als der Boden eben war
Da nahm es mich beim Arme,
Und sprach: Nun komm! — zum Leichenschmaus,
Mein Freund! Ich bin — die Reue!

Der verlorene Sohn.

In wildem Trotz lief ich von Haus,
Lief in die weite Welt hinaus —
Nun steh' ich da, so ganz allein,
Und sehe meines Glückes Schein
Im fernen Westen niederblinken —
O könnt' ich einmal noch
In meiner Mutter Arme sinken!

Ich klage nicht! Wie mir geschieht,
Ist wohl verdient. — Das alte Lied
Der Reue klingt auch meinem Ohr.
Ich klage nicht, denn ich erkor
Ja selbst die Trennung von den Meinen —
Nur möcht' ich einmal noch
Am Herzen meiner Mutter weinen!

Verschulden war's und nicht Geschick!
Du schönes Lied von Ruhm und Glück,
Dein letzter, leiser Ton verklang.
Das Lied ist aus — die Saite sprang —
Und auch die Harfe ging in Scherben!
O könnte ich nur noch
Am Herzen meiner Mutter sterben!

Ende.

Immer nur mit offnen Armen
Stürmte ich durch diese Welt;
Niemand soll sich mein erbarmen,
Wie man sündigt, so man fällt.

Immer hab' ich nur genossen,
Nie das Leben ernst bedacht —
Und nun harrt mit schwarzen Rossen
Mein der Schwager. — Gute Nacht!

Druck von Diedr. Soltau in Norden.